8 aout 1784.

ORDONNANCE
PROVISOIRE
DU ROI,

Concernant la formation & la solde de ses Régimens de Dragons.

Du 8 Août 1784.

DE PAR LE ROI.

SA MAJESTÉ voulant que les dispositions qu'Elle a arrêtées, relativement à la formation & à la solde de ses Troupes à cheval, & qui feront partie du Code qu'Elle se propose de donner à ses Troupes, aient incessamment leur exécution, Elle a ordonné & ordonne ce qui suit :

DRAGONS.

ARTICLE PREMIER.

CHAQUE régiment de Dragons, sera composé de quatre escadrons. *Composition des régimens.*

2.

Escadrons ou compagnies. CHAQUE escadron sera formé d'une compagnie.

3.

Pied de paix & pied de guerre. SA MAJESTÉ distinguera, pour la composition de ses régimens de Dragons, un pied de paix & un pied de guerre.

4.

LE nombre des Officiers & des bas Officiers de tout grade, sera le même sur le pied de paix & sur le pied de guerre.

5.

Appointés. SA MAJESTÉ veut bien rétablir le grade d'Appointé en faveur des huit plus anciens Dragons de chaque compagnie, & accorder le même grade au plus ancien Trompette de chaque régiment.

6.

Composition des escadrons ou compagnies. CHAQUE escadron ou compagnie sera composé, sur le pied de paix, d'un Capitaine-commandant, d'un Capitaine en second, d'un Lieutenant en premier; (cette dénomination devant être substituée à celle de premier Lieutenant) d'un Lieutenant en second, de deux Sous-lieutenans, d'un Maréchal-des-logis en chef, d'un Fourrier, de quatre Maréchaux-des-logis, de huit Brigadiers, de huit Appointés, de quatre-vingts Dragons, dont huit conservés à pied, & de deux Trompettes; au total de cent quatre bas Officiers, Dragons & Trompettes, commandés par six Officiers.

Création de trois Maréchaux-des-logis par compagnie.

7.

CHAQUE escadron ou compagnie sera composé, sur le pied de guerre, d'un Capitaine-commandant, d'un

8. Avril 1784

Capitaine en ſecond, d'un Lieutenant en premier, d'un Lieutenant en ſecond, de deux Sous-lieutenans, d'un Maréchal-des-logis en chef, d'un Fourrier, de quatre Maréchaux-des-logis, de huit Brigadiers, de huit Appointés, de cent quarante-quatre Dragons, dont douze conſervés à pied, & de trois Trompettes, au total de cent ſoixante-neuf bas Officiers, Dragons & Trompettes, commandés par ſix Officiers.

8.

MAIS dans le nombre des Dragons & ayant rang parmi eux, il y aura ſur le pied de paix quatre Tambours par régiment, ſavoir, un par compagnie; & ſur le pied de guerre, ſix par régiment; ſavoir, deux dans la première, & deux dans la ſeconde compagnie, un dans la troiſième & un dans la quatrième.

9.

IL y aura un Maréchal-ferrant dans le nombre des Dragons de chaque compagnie.

10.

LES Brigadiers, les Appointés & les Dragons de chaque compagnie, formeront huit eſcouades. *Eſcouades.*

Ainſi, chaque eſcouade ſera compoſée, ſur le pied de paix, d'un Brigadier qui la commandera, d'un Appointé & de dix Dragons.

Elle ſera compoſée, ſur le pied de guerre, d'un Brigadier, d'un Appointé & de dix-huit Dragons.

11.

MAIS les eſcouades, ſur le pied de guerre, ou ſeulement portées à ſeize hommes, ſeront alors diviſées, & la ſeconde moitié de l'eſcouade ſera confiée à la police plus spécial de l'Appointé, sans cesser pour cela d'être aux ordres du Brigadier, qui en restera toujours responsable.

12.

SA MAJESTÉ se réserve d'ordonner des augmentations progressives entre le pied de paix & le pied de guerre, selon qu'Elle le jugera à propos; ces augmentations portant sur le nombre des Dragons de chaque escouade, & jamais sur celui des bas Officiers.

13.

ELLE se réserve de même de tenir les escouades de ses régimens de Dragons au-dessous du pied de paix, & de réduire le nombre des chevaux dans une plus grande proportion que celui des hommes, si Elle le jugeoit convenable.

14.

LES huit escouades de chaque compagnie, commandées chacune par un Brigadier, formeront quatre subdivisions de la compagnie, commandées chacune par un Maréchal-des-logis, & composées de deux escouades.

Subdivisions.

Et les quatre subdivisions de la compagnie, commandées chacune par un Maréchal-des-logis, formeront deux divisions de la compagnie, commandées; la première, par le Lieutenant en premier, & sous ses ordres, par le premier Sous-lieutenant; & la seconde par le Lieutenant en second, & sous ses ordres, par le second Sous-lieutenant.

Divisions.

15.

Comptes à rendre.

LE Brigadier sera responsable de son escouade au Maréchal-des-logis de la subdivision duquel elle fait partie. Le Maréchal-des-logis le sera de sa subdivision au Sous-lieutenant de la division dans laquelle elle est comprise.

comprise. Le Sous-lieutenant de chaque division le sera au Lieutenant qui la commande; le Lieutenant, au Capitaine en second; le Capitaine en second, au Capitaine-commandant; & chaque Capitaine-commandant sera responsable de l'état de sa compagnie ou escadron au Major.

16.

Trompettes.

TOUS les Trompettes seront commandés par le plus ancien d'entr'eux, ayant le grade d'Appointé; ils seront néanmoins soumis à l'autorité, police & discipline des Officiers & bas Officiers de leur compagnie.

17.

Maréchal-des-logis en chef.

LE Maréchal-des-logis en chef de chaque compagnie en commandera tous les bas Officiers & Dragons, subordonnément aux Officiers.

Ses fonctions.

Il sera particulièrement chargé de tous les détails du service & de la discipline, dont il sera responsable aux Officiers de sa compagnie.

Fourrier : ses fonctions.

Le Fourrier aura le rang de Maréchal-des-logis, & commandera à son rang parmi eux. Il dressera tous les états & tiendra les livres & registres; & il sera responsable de tous les détails de distribution & de comptabilité, au Quartier-maître; il pourvoira au logement de la compagnie.

18.

INDÉPENDAMMENT des Capitaines-commandans & en second, des Lieutenans en premier & en second, & des deux Sous-lieutenans en pied; Sa Majesté a jugé à propos d'attacher à chaque escadron ou compagnie de ses régimens de Dragons, un *Capitaine* & un *Sous-lieutenent de remplacement.*

Capitaines & Sous-lieutenans de remplacement.

19.

CES Officiers ne recevront point d'appointemens. Ils auront, fur le pied de paix, le logement & une place de fourrage quand ils feront à leur Corps; l'étape en route; & fur le pied de guerre, le nombre de rations de pain & de fourrage, attribué à leur grade.

20.

Service des Capitaines de remplacement.

LE Capitaine de remplacement attaché à chaque compagnie, la commandera au défaut des Capitaines-commandans & en fecond de cette compagnie, ou fubordonnément à eux quand ils feront préfens, & fupérieurement aux Lieutenans.

21.

Nomination aux emplois de Capitaine de remplacement.

LES Meftres-de-camp-propriétaires ou Commandans, propoferont aux emplois de Capitaine de remplacement, d'abord & felon le rang d'ancienneté de leurs réformes, les Capitaines réformés à la fuite de leurs régimens, qui ont un titre à leur remplacement par une finance.

Et après les Capitaines réformés avec finance, les Meftres-de-camp-propriétaires ou Commandans, pourront propofer aux emplois de Capitaine de remplacement, des Capitaines à la fuite de leurs régimens qui n'auront point eu de titre à leur remplacement par finance, & auxquels Sa Majefté ne prétend donner aucun droit; ou bien d'autres Officiers tirés de leurs régimens ou de tout autre, qu'ils jugeront convenir auxdits emplois.

22.

MAIS Sa Majefté exige, que les Officiers qui lui feront propofés pour Capitaines de remplacement, après l'extinction des réformes avec finance, aient au moins l'âge de dix-huit ans, & trois ans de fervice en qualité de Lieutenans ou de Sous-lieutenans.

Âge & fervices exigés.

Elle permet que des Officiers ſoient tirés de l'Infanterie, pour être nommés à des emplois de Capitaines de remplacement des Troupes à cheval; & que des Officiers des Troupes à cheval ſoient nommés Capitaines de remplacement de l'Infanterie.

23.

LES Capitaines de remplacement tirés d'entre les Capitaines réformés avec finance & ayant droit de remplacement, ſeront nommés à leur rang, aux emplois de Capitaine en ſecond à meſure qu'ils vaqueront, mais les Capitaines de remplacement qui ſuccéderont à ceux-là, & qui ſeront tirés ou des Lieutenans ou des Sous-lieutenans, ou même des Capitaines à la ſuite, ſans titre à leur remplacement par finance, ne ſeront plus nommés auxdits emplois de Capitaine en ſecond, que concurremment avec les Lieutenans & à leur rang de Lieutenant; & s'ils n'avoient pas été Lieutenans, ils ne concourroient avec les Officiers de ce grade, que comme s'ils avoient eu des lettres de Lieutenant, de la date de leurs commiſſions de Capitaine.

24.

LES Officiers de ces différens grades ne ſeront cependant nommés aux emplois dont il vient d'être fait mention, qu'autant qu'ils ſatisferont, juſqu'à ce qu'elle ſoit éteinte, à la finance qui y ſera encore attachée.

25.

LES deux troiſièmes Sous-lieutenans des deux premières compagnies de chaque régiment de Dragons, prendront, au lieu de ce titre que le Roi ſupprime, celui de *Sous-lieutenans de remplacement.*

Les Meſtres-de-camp-propriétaires ou Commandans, *Nomination aux emplois de Sous-lieutenant de remplacement.*

proposeront aux emplois de Sous-lieutenant de remplacement des deux autres compagnies, & ensuite à ces quatre emplois lorsqu'ils viendront à vaquer, des Sous-lieutenans à la suite de leurs régimens, & de nouveaux Sujets à l'alternative ou par moitié; c'est-à-dire, que lorsqu'il y aura à la fois plusieurs Sous-lieutenans à remplacer & plusieurs emplois à nommer, ils seront donnés moitié aux premiers & moitié à de nouveaux Sujets; & lorsqu'ensuite il n'y aura plus à la fois qu'un emploi à donner, il le sera à l'alternative; d'abord à un Sous-lieutenant à la suite, & après à un nouveau Sujet. Lorsqu'il ne restera plus de Sous-lieutenant à la suite d'un régiment, le Mestre-de-camp-propriétaire ou Commandant pourra proposer de nouveaux Sujets à tous les emplois de Sous-lieutenant de remplacement.

26.

Suite des dispositions relatives aux Officiers réformés & à la suite, & aux emplois de remplacement.

LES Capitaines réformés & Sous-lieutenans à la suite d'un régiment, seront nommés, conséquemment aux dispositions précédentes, aux emplois de Capitaine & de Sous-lieutenant de remplacement, à leur rang. Ceux qui ne pourront l'être encore, attendront chez eux leur rang à être rappelés & remplacés; & jusqu'à ce qu'ils le soient, ils ne seront tenus à aucun service: ils auront soin d'instruire les Mestres-de-camp-commandans des régimens à la suite desquels ils sont réformés, du lieu de leur demeure, afin que ces Mestres-de-camp puissent leur annoncer leur remplacemenr, & leur donner alors les ordres nécessaires. Veut Sa Majesté, en instituant en faveur des Capitaines réformés de ses Troupes à cheval, quatre emplois par régiment, au moyen desquels Elle leur rend une plus prompte activité, que les quatre premiers Capitaines réformés de chaque régiment, & les premiers à remplacer, attendent dans ces emplois leur

leur rang à être Capitaines en second, & qu'aucun d'eux ne puisse être Capitaine en second, qu'il n'ait été Capitaine de remplacement : Entend enfin Sa Majesté, que les Officiers qui ne profiteroient pas des moyens que sa bonté leur offre, d'être remplacés à leur rang, & de rentrer en activité à son service, perdent dès-lors leur droit à l'être, & que leur rang soit passé.

27.

LES Officiers à la suite pourront encore être proposés par les Mestres-de-camp-propriétaires ou Commandans de tout régiment & de toute arme, à tels emplois de Capitaine de remplacement, ou de Sous-lieutenant en pied ou de remplacement, auxquels il conviendroit à ces Mestres-de-camp de les proposer comme nouveaux sujets, en observant ce qui est prescrit dans les articles 21 & 25, relativement à la nomination de ceux-ci.

28.

SA MAJESTÉ ne s'astreint cependant plus, après le remplacement des Capitaines réformés & Sous-lieutenans à la suite, à nommer à tous les emplois de Capitaine & de Sous-lieutenant de remplacement : Elle n'entend même soutenir l'institution de ces emplois qu'autant de temps qu'Elle le jugera à propos.

Sa Majesté n'exigeant point des Mestres-de-camp, après l'extinction des réformes, de proposer à tous les emplois de remplacement au complet, Elle entend qu'ils ne proposent à ces emplois que des sujets qui pourront y convenir, & à qui leur fortune permettra de se passer des appointemens qu'il n'est pas entré dans ses vues de leur attribuer.

Elle se réserve, indépendamment des propositions des Mestres-de-camp, de nommer à des emplois de Capitaine ou de Sous-lieutenant de remplacement, des sujets à qui il lui conviendra de les donner.

29.

LES Mestres-de-camp-propriétaires ou Commandans, proposeront, s'ils le jugent à propos, des Sous-lieutenans de remplacement aux emplois de Sous-lieutenant en pied & avec appointemens; mais les Sous-lieutenans de remplacement n'y auront aucun droit.

Rang des Sous-lieutenans de remplacement.

Ils conserveront néanmoins en restant Sous-lieutenans de remplacement, leur rang parmi les Sous-lieutenans en pied, & ils concourront avec eux selon la date de leurs brevets de Sous-lieutenant, tant pour le commandement & le service, que pour être nommés aux emplois de Lieutenant en second.

30.

Cadets-Gentilshommes.

MAIS l'intention de Sa Majesté est, que dans les régimens où il reste encore des Cadets-gentilshommes & jusqu'à ce qu'ils soient éteints, les Mestres-de-camp-propriétaires ou Commandans, les proposent aux emplois de Sous-lieutenant en pied & avec appointemens, de préférence aux Sous-lieutenans de remplacement ou à tout autre sujet, hors qu'il n'y ait, relativement à ces Cadets-gentilshommes, des raisons d'exclusion ou de retard, dont il sera rendu compte au Secrétaire d'État de la guerre, qui prendra les ordres de Sa Majesté à leur égard.

31.

VEUT même Sa Majesté que les Cadets-gentilshommes déjà nommés Sous-lieutenans ou qui le seront à l'avenir, reprennent le rang sur les Sous-lieutenans en pied ou de remplacement, promus à ce grade de préférence à eux, & d'une date poſtérieure à celle dont ils ſont Cadets-gentilshommes ; Sa Majeſté, conſéquemment à l'article précédent, exceptant de ce rang à leur rendre, le cas où la nomination de ces Cadets-gentilshommes à un emploi de Sous-lieutenant, auroit été retardée pour quelque raiſon de mécontentement ou de négligence de ſervice.

32.

Pages & Élèves de l'École militaire.

SA MAJESTÉ ſe réſerve de nommer ſes Pages & les Élèves de l'École-militaire, à tels emplois qu'il lui conviendra de leur donner, & à quelque époque de l'année que ce ſoit indiſtinctement.

Et ſi quelques-uns ont été nommés, ou ſont encore à l'avenir nommés Sous-lieutenans, avant des Cadets-gentilshommes placés avant eux dans le régiment où ils entrent, ils ſeront ſoumis à la règle par laquelle Sa Majeſté rend à ceux-ci, devenus Sous-lieutenans, le rang ſur eux.

33.

Âge & preuves exigées pour être Sous-lieutenant en pied ou de remplacement.

AUCUN ſujet ne ſera propoſé par un Meſtre-de-camp-propriétaire ou Commandant, pour être Sous-lieutenant en pied ou de remplacement, qu'autant qu'il aura l'âge de quinze ans révolus, & qu'il aura fait devant le Généalogiſte de Sa Majeſté les mêmes preuves de nobleſſe exigées pour les Élèves de l'École-militaire. Il ſera tenu de produire ſon extrait de baptême, avec le certificat de ce Généalogiſte ; & ces deux pièces ſeront annexées au Mémoire du Meſtre-de-camp qui le propoſera.

Sa Majeſté excepte de cette règle les fils de Chevaliers de Saint-Louis : Elle permet qu'ils lui ſoient propoſés en produiſant les brevets de leurs pères, ou des certificats authentiques qu'ils ont été décorés de la Croix de Saint-Louis; & ces pièces seront jointes, avec leur extrait de baptême, au Mémoire qui les proposera.

34.

Service des Sous-lieutenans de remplacement.

LES Sous-lieutenans de remplacement, seront attachés, ainsi que le premier Sous-lieutenant, à la première division de leur compagnie. Lorsqu'ils seront présens, ils seront chargés spécialement de la seconde subdivision de cette division. Le Maréchal-des-logis qui la commande, leur rendra compte, & ils rendront compte eux-mêmes au Lieutenant. Le premier Sous-lieutenant n'aura alors à rendre compte à celui-ci que de la première subdivision de sa division.

35.

Temps de leur service,

ILS ne seront tenus de servir pendant la paix, que du 1.er de Juin au 1.er d'Octobre, hors que des ordres particuliers n'apportent des changemens à cette disposition.

36.

Et de celui des Capitaines de remplacement.

IL en sera de même des Capitaines de remplacement.

37.

LORSQUE les Capitaines de remplacement seront présens, ils seront attachés spécialement à la seconde division de leur compagnie, dont le Lieutenant en second leur rendra compte, & ils en seront responsables au Capitaine-commandant. Le Capitaine en second n'aura alors à rendre compte à celui-ci que de la première division.

38.

AU moyen d'une place de fourrage, accordée par l'article 9 aux Capitaines & Sous-lieutenans de remplacement, lorsqu'ils seront présens à leurs Corps, ils seront tenus d'y avoir un cheval d'escadron.

39.

8 · avril 1784

39.

SA MAJESTÉ a jugé néceſſaire à ſon ſervice, d'attacher un guidon à chaque eſcadron de ſes Dragons, & d'établir dans chaque régiment un Adjudant de plus, un ſeul ne ſuffiſant pas à toutes les fonctions & aux détails dont il étoit chargé.

Création de deux Porte-guidons & d'un Adjudant.

En conſéquence l'État-major de chaque régiment de Dragons, ſera compoſé à l'avenir d'un Meſtre-de-camp-commandant, d'un Meſtre-de-camp en ſecond, d'un Lieutenant-colonel, d'un Major, d'un Quartier-maître-tréſorier, de quatre Porte-guidons, de deux Adjudans, d'un Chirurgien-major, d'un Aumônier, d'un maître Maréchal, d'un maître Sellier & d'un Armurier.

État-major.

40.

OUTRE les Officiers ſupérieurs ci-deſſus déſignés, Sa Majeſté conſerve à ſes régimens de Dragons de Lorraine, Noailles & Schonberg, leurs Meſtres-de-camp-propriétaires.

41.

LE Major de chaque régiment, continuera d'y ſurveiller tous les détails de ſervice, police & diſcipline.

Fonctions du Major.

Les Capitaines-commandans, conſéquemment à l'article 15, lui rendront compte : il rendra compte au Lieutenant-colonel ; le Lieutenant-colonel au Meſtre-de-camp en ſecond ; & le Meſtre-de-camp en ſecond au Meſtre-de-camp-commandant.

Comptes à rendre par les Officiers ſupérieurs de l'État-major.

Indépendamment des comptes que le Meſtre-de-camp-commandant doit rendre à l'Inſpecteur de ſon régiment, au Commandant de la province, & au Secrétaire d'État de la guerre, il rendra compte au Meſtre-de-camp-propriétaire, dans les régimens à la tête deſquels Sa Majeſté a jugé à propos d'en établir.

42.

Quartier-maître. Le Quartier-maître-trésorier de chaque régiment aura le rang de Lieutenant.

Porte-guidons. Les Porte-guidons auront celui de derniers Sous-lieutenans.

Adjudans. Et les Adjudans, celui de premiers Maréchaux-des-logis en chef. Ils commanderont à tous les Maréchaux-des-logis en chef, & conséquemment à tous les Maréchaux-des-logis.

Maître Maréchal. Maître Sellier. Le maître Maréchal & le maître Sellier auront le rang de Maréchaux-des-logis.

43.

L'INTENTION de Sa Majesté étant que les Adjudans ne perdent point, en continuant d'être Adjudans, les avantages & les récompenses que leurs services les mettront dans le cas de mériter, ils dateront, sans être Officiers, pour toute espèce de récompense & de grâce, de l'époque à laquelle, à leur ancienneté de Maréchaux-des-logis en chef, ils auroient pu mériter de l'être. Cette date sera pour eux celle de laquelle un Maréchal-des-logis en chef moins ancien qu'eux, auroit été fait Officier, & lorsqu'ensuite ils le seront eux-mêmes, ils reprendront leur rang sur ce dernier.

44.

Appointemens, Solde & masses. SA MAJESTÉ a résolu d'accorder à ses Troupes à cheval, une augmentation de paye pendant la guerre; & voulant en outre apporter à l'état de quelques grades des changemens, dont l'objet est sur-tout de distinguer les anciens Officiers; Elle a arrêté que les appointemens, solde & masses, seroient payés à l'avenir à ses régimens de Dragons, ainsi qu'il suit.

8. aoust 1784.

45.

PAR an, ſur le pied de paix: *Appointemens, pied de paix. État-major.*

Au Meſtre-de-camp-commandant de chaque régiment de Dragons, *quatre mille livres.*

Au Meſtre-de-camp en ſecond, *dix-huit cents livres.*

Au Lieutenant-colonel, *trois mille ſept cents quarante-quatre livres.*

Au Major, *trois mille cent vingt livres.*

Au Quartier-maître-tréſorier, *douze cents livres*, ou par mois *cent livres.*

A chaque Porte-guidon; *ſept cents vingt livres*, ou par mois *ſoixante livres.* *

Au Chirurgien-major, *douze cents livres*, ou par mois *cent livres.*

A l'Aumônier, *ſix cents livres*, ou par mois *cinquante livres.*

A chaque Adjudant, *cinq cents quarante livres*, ou *trente ſous* par jour, ou par mois *quarante-cinq livres.*

Au premier Capitaine-commandant de chaque régiment, *deux mille quatre cents livres.* *Officiers des compagnies.*

A chacun des trois autres Capitaines-commandans, *deux mille deux cents livres.*

Au premier Capitaine en ſecond de chaque régiment, *ſeize cents vingt livres.*

A chacun des trois autres Capitaines en ſecond, *quinze cents livres.*

A chaque Lieutenant en premier, *mille livres.*

A chaque Lieutenant en ſecond, *neuf cents livres.*

A chaque Sous-lieutenant en pied, *ſept cents vingt livres.*

Tous les appointemens ci-deſſus ſeront augmentés d'un quart en ſus, ſur le pied de guerre. *Augmentation ſur le pied de guerre.*

46.

PAR jour, ſur le pied de paix. *Solde, pied de paix. Bas Officiers.*

A chaque Maréchal-des-logis en chef, *vingt ſous.*

A chaque autre Maréchal-des-logis ou Fourrier, *quinze sous.*

A chaque Brigadier, *dix sous quatre deniers.*

Au premier Appointé de chaque compagnie, *huit sous deux deniers.*

A chaque autre Appointé, *sept sous huit deniers.*

Dragon. A chaque Dragon ou Tambour, *sept sous deux deniers.*

Trompettes. Au premier Trompette de chaque régiment, ayant le grade d'Appointé, *seize sous.*

A chaque autre Trompette, *quinze sous.*

Maître Maréchal. Au maître Maréchal, *seize sous huit deniers.*

Maître Sellier. Au maître Sellier, *seize sous huit deniers.*

Armurier. A l'Armurier, *sept sous deux deniers.*

47.

Masse de linge & chaussure. VEUT Sa Majesté, que sur la solde attribuée par l'article précédent à chaque bas Officier, Dragon, Trompette, maître Maréchal ou Sellier, & Armurier, il lui soit retenu seize deniers par jour, pour former une *Masse de linge & chaussure :* cette Masse sera conservée dans la caisse du régiment, & le décompte en sera fait aux susdits bas Officiers & Dragons, tous les quatre mois.

48.

LA moitié de la solde de tous les bas Officiers & Dragons absens par congé, & la solde entière de ceux qui n'auront pas rejoint à l'expiration de leurs congés, seront réunies à ladite Masse.

49.

Supplément de solde sur le pied de guerre. LES objets d'entretien auxquels est destinée la Masse de linge & chaussure devenant plus dispendieux pendant la guerre, Sa Majesté accorde par jour, sur le pied de guerre, un supplément de solde de huit deniers à chaque bas Officier, Dragon, Trompette, maître Maréchal ou Sellier, & Armurier : ce supplément sera réuni à la Masse de linge & chaussure en augmentation de cette Masse.

50.

50.

LES Adjudans feront exceptés des difpofitions relatives à la Maffe de linge & chauffure, à laquelle ils n'auront nulle part. Il ne leur fera point fait de retenue pour y fournir; & ils ne recevront point, pendant la guerre, le fupplément de folde établi par l'article précédent.

51.

IL fera formé une *Maffe générale*, pour laquelle Sa Majefté fera payer fur le pied de paix; cent vingt-deux livres par an, par chaque Adjudant, Maréchal-des-logis en chef, Maréchal-des-logis, maître Maréchal, maître Sellier, Brigadier, Appointé, Dragon, Trompette & Armurier monté; & cinquante livres feulement par chaque Dragon non monté: cette Maffe deftinée aux dépenfes de recrues, de remontes, d'habillement, d'équipement, d'entretien & de réparations, fera chargée en outre de la retenue de la Capitation & des Quatre deniers pour livre de tous les appointemens & de la folde. Elle fera payée par mois au complet, au Quartier-maître-tréforier de chaque régiment, & dépofée dans fa caiffe; & elle fera régie par le Confeil d'adminiftration. *Maffe générale.*

52.

IL fera ajouté à cette Maffe, cent livres par an, pour l'achat, renouvellement & entretien du cheval de chaque Porte-guidon. *Maffe des chevaux des Porte-guidons.*

53.

IL fera payé à chaque Tambour, fur cette Maffe, une haute-paye de deux fous par jour; au moyen de laquelle il fera tenu d'entretenir fa caiffe de peaux & de cordages, & de fe fournir de baguettes. *Haute-paye des Tambours.*

54.

Augmentation à la masse générale sur le pied de guerre.

LA Masse générale, sera sur le pied de guerre, de cent trente-sept livres cinq sous par chaque bas Officier & Dragon monté; & de cinquante-six livres cinq sous par chaque Dragon non monté. Elle sera de cent cinquante livres pour le cheval de chaque Porte-guidon.

55.

MAIS l'intention de Sa Majesté n'est pas qu'un régiment, sur le pied de guerre quant au nombre, soit pour cela sur le pied de guerre quant à la solde. Ce dernier n'aura lieu que de l'époque à laquelle Sa Majesté l'ordonnera.

56.

Armement.

L'ARMEMENT des régimens de Dragons continuera de leur être fourni des magasins de Sa Majesté.

57.

TOUTES les dispositions prescrites par la présente Ordonnance, relativement aux appointemens, à la solde & aux Masses, auront lieu de l'époque fixée pour son exécution; mais Sa Majesté en donnant leur effet, à l'instant même, aux augmentations qu'Elle accorde, ne veut pas qu'aucun Officier perde rien de son état actuel. En conséquence, Elle ordonne que les Capitaines en second actuels, dont les appointemens seront de quinze cents livres, reçoivent en supplément sur la Masse générale, la somme nécessaire pour parfaire les mêmes appointemens dont ils jouissoient, sans que ce supplément puisse s'étendre à ceux qui leur succéderont dans leurs emplois.

58.

Exécution

POUR parvenir dans chaque régiment à l'exécution

de la présente Ordonnance, l'Inspecteur à qui Sa Majesté en aura donné l'ordre, fera monter ce régiment à cheval après en avoir prévenu le Commandant de la Place où il sera en garnison, & en présence du Commissaire des guerres qui en aura la police.

de la présente Ordonnance.

59.

Revue de l'Inspecteur & du Commissaire des guerres.

CET Inspecteur fera une revue de ce régiment, & le Commissaire des guerres fera en même temps la sienne, pour servir au payement dudit régiment jusqu'au jour de sa nouvelle composition exclusivement.

60.

Réception des deux nouveaux Porte-guidons.

LES deux anciens Porte-guidons placés au premier & au second escadron, l'Inspecteur fera recevoir à ce même emploi, à la tête du troisième & du quatrième escadron, les deux bas Officiers que Sa Majesté y aura nommés.

61.

Choix & réception du second Adjudant.

IL ordonnera au Mestre-de-camp-commandant, de choisir entre tous les Maréchaux-des-logis en chef, Maréchaux-des-logis & Fourriers, le sujet qu'il jugera le plus propre à remplir la seconde place d'Adjudant, & il sera reçu aussi-tôt à cet emploi.

Maréchaux-des-logis.

Brigadiers.

Les sujets qui remplaceront les deux nouveaux Porte-guidons & le nouvel Adjudant aux emplois qu'ils quitteront, seront nommés en même-temps & reçus aussi-tôt, ainsi que ceux qui seront choisis pour les douze places nouvelles de Maréchal-des-logis que Sa Majesté a créées. Il en sera de même des Dragons qui seront promus au grade de Brigadier.

62.

Appointés.

L'INSPECTEUR ordonnera ensuite que les huit plus

anciens Dragons de chaque compagnie ſoient reconnus pour Appointés, ainſi que le plus ancien Trompette du régiment.

63.

Tambours.

LE Meſtre-de-camp-commandant choiſira dans chaque compagnie un Dragon pour Tambour.

64.

Répartition des Dragons, & formation des eſcouades.

L'INSPECTEUR ordonnera que les Dragons de chaque compagnie y ſoient répartis dans les eſcouades à leur rang; le plus ancien Dragon dans la première, le ſecond dans la ſeconde, le troiſième dans la troiſième, le quatrième dans la quatrième, le cinquième dans la cinquième, le ſixième dans la ſixième, le ſeptième dans la ſeptième, le huitième dans la huitième, & enſuite le neuvième dans la première, le dixième dans la ſeconde, & ainſi de ſuite, en comprenant dans cette répartition & à leur rang, les Dragons qui ſe trouveroient aux hôpitaux ou abſens:

Que les eſcouades ainſi formées, le premier Brigadier de chaque compagnie, & ſous lui le premier Appointé, aient le commandement de la première; le ſecond Brigadier & le ſecond Appointé celui de la ſeconde, & ainſi de ſuite:

Formation des ſubdiviſions.

Qu'enſuite les ſubdiviſions ſoient formées, la première, de la première & cinquième eſcouades; la ſeconde, de la ſeconde & ſixième, &c. & que les Maréchaux-des-logis prennent le commandement de ces ſubdiviſions à leur rang; le premier celui de la première, le ſecond celui de la ſeconde, & ainſi de ſuite.

65.

MAIS ce rang une fois établi entre les eſcouades & les

8 avril 1784

les subdivisions, l'Inspecteur ordonnera qu'il reste à perpétuité le même, c'est-à-dire, que l'escouade désignée la première soit toujours la première, l'escouade désignée la seconde toujours la seconde, &c. quel que soit le rang des Brigadiers qui les commanderont:

Que de même les subdivisions une fois établies première, seconde, &c. & formées à perpétuité des mêmes escouades, conservent toujours le même rang entr'elles, quel que soit celui des Maréchaux-des-logis qui les commanderont:

Divisions intérieures des compagnies, invariables.

Qu'ainsi les divisions intérieures des compagnies n'éprouvent de changemens que par les recrues ou par le remplacement des bas Officiers promus à de nouveaux grades.

66.

Formation des divisions.

ENFIN il ordonnera que les divisions soient formées; la première, de la première & troisième subdivisions; la seconde, de la seconde & quatrième subdivisions:

Et que dans chaque compagnie, le Lieutenant en premier, & sous ses ordres le premier Sous-lieutenant, aient le commandement, l'inspection & la police spéciale de la première division; & de même le Lieutenant en second, & sous ses ordres le second Sous-lieutenant, celui de la seconde division.

67.

Formation des chambrées & des ordinaires.

LES chambrées & les ordinaires seront formées, autant qu'il se pourra, dans l'ordre des escouades, subdivisions & divisions, ci-dessus indiqué; de manière que les Dragons des mêmes escouades, subdivisions & divisions, logeant & vivant, ou ensemble, ou le plus près qu'il se pourra, soient constamment soumis à la vigilance & police des mêmes bas Officiers.

Mais ces divisions de police intérieure seront subordonnées dans l'ordre de bataille, à ce que prescrit l'Ordonnance de l'Exercice, relativement à la disposition des Dragons dans le rang & aux divisions qui doivent y être observées.

68.

Officiers de remplacement.

APRÈS ces dispositions relatives à l'ordre intérieur des compagnies, l'Inspecteur ordonnera que les deux troisièmes Sous-lieutenans déjà attachés aux deux premières compagnies, y soient reconnus comme Sous-lieutenans de remplacement.

Et si Sa Majesté a nommé aux emplois de Capitaine de remplacement, que les brevets en aient été expédiés, & que les Officiers pourvus de ces emplois soient présens, l'Inspecteur les fera recevoir en cette qualité.

Il fera recevoir de même les sujets à qui Sa Majesté auroit accordé des emplois de Sous-lieutenant de remplacement.

Si Sa Majesté n'a point nommé à tous ou à une partie des emplois de Capitaine & de Sous-lieutenant de remplacement, l'Inspecteur préviendra le Mestre-de-camp-commandant, qu'il pourra proposer au Secrétaire d'État de la guerre les Officiers ayant droit de remplacement, ou ceux qu'il jugera y convenir, en se conformant à tout ce que prescrit la présente Ordonnance relativement auxdits emplois.

69.

Seconde revue.

CES différentes opérations terminées, l'Inspecteur fera une revue du régiment : le Commissaire des guerres fera aussi la sienne, pour servir, à compter de ce jour, au nouvel état d'appointemens & de solde & de la Masse. Il constatera la nouvelle composition du régiment par un procès-verbal, dont un double ſera adreſſé au Secrétaire d'État de la guerre, & un autre au Tréſorier. *Procès-verbal de la nouvelle compoſition.*

70.

Le régiment étant de retour dans ſes quartiers, l'Inſpecteur ſera aſſembler le Conſeil d'adminiſtration : il examinera les fonds reſtans en caiſſe, & fera former des états ſéparés, tant de l'argent de la Maſſe générale que de celui de la Maſſe de linge & chauſſure, & de celle des quinze livres qui appartiennent à chaque homme, & qui continuera d'avoir lieu comme auparavant. Il fera certifier ces états par le Conſeil d'adminiſtration, & il les viſera : ils formeront le premier article de ceux que la nouvelle compoſition exige. L'Inſpecteur adreſſera au Secrétaire d'État de la guerre des doubles de tous les états que ſon opération l'aura mis dans le cas de former. *Examen des fonds en caiſſe.*

Mandant Sa Majeſté au ſieur Duc de Luynes, Colonel général; & au ſieur Marquis de Coigny, Meſtre-de-camp général des Dragons, de tenir la main à l'exécution de la préſente Ordonnance.

Mande & ordonne Sa Majeſté aux Officiers généraux ayant commandement ſur ſes Troupes, aux Gouverneurs, Lieutenans généraux, Commandans en chef & en ſecond dans ſes provinces, aux Inſpecteurs généraux de ſes Troupes, aux Gouverneurs & Commandans de ſes villes & places, aux Meſtres-de-camp de ſes régimens de Dragons, aux Intendans en ſeſdites provinces & ſur ſes frontières, aux Commiſſaires des guerres, & à tous autres ſes Officiers qu'il appartiendra, de tenir la main à l'exécution de la préſente Ordonnance.

Fait à Verſailles le huit Août mil ſept cent quatre-vingt-quatre.

Signé LOUIS. *Et plus bas*, LE M.AL DE SÉGUR.

LOUIS-JOSEPH-CHARLES-AMABLE D'ALBERT, DUC DE LUYNES ET DE CHEVREUSE, *Pair de France, Colonel général des Dragons, Maréchal-de-camp, &c.*

VU l'Ordonnance provisoire du Roi, donnée à Versailles le 8 de ce mois, concernant la formation & la solde de ses régimens de Dragons, par laquelle Sa Majesté explique ses intentions; ladite Ordonnance à nous adressée, avec ordre de tenir la main à son exécution.

MANDONS à M. le marquis de Coigny, Mestre-de-camp-général des Dragons, de tenir la main à ce qu'elle soit exactement observée. ORDONNONS à tous Brigadiers, Mestres-de-camp & autres Officiers & Commandans de Dragons de s'y conformer, & de la faire exécuter selon sa forme & teneur. FAIT à Dampierre, le douze août mil sept cent quatre-vingt-quatre. *Signé* LE DUC DE LUYNES. *Et plus bas*, Par Monseigneur Colonel général. *Signé* DE LA MINIÈRE.

TABLEAU

TABLEAU des Appointemens & Solde.

DRAGONS.	PIED DE PAIX.			PIED DE GUERRE.		
	Par jour.	Par mois.	Par an.	Par jour.	Par mois.	Par an.
Au premier Capitaine-commandant de chaque régiment, ſix livres treize ſous quatre deniers ſur le pied de paix; & huit livres ſix ſous huit deniers ſur le pied de guerre, ci.	6l 13ſ 4d	200l //ſ //d	2400l	8l 6ſ 8d	250l //ſ //d	3000l
A chacun des trois autres Capitaines-commandans, ſix livres deux ſous deux deniers deux tiers en paix; & ſept livres douze ſous neuf deniers un tiers en guerre.	6. 2. 2⅔	183. 6. 8	2200.	7. 12. 9⅓	229. 3. 4	2750.
Au premier Capitaine en ſecond, quatre livres dix ſous en paix; & cinq livres douze ſous ſix deniers en guerre.	4. 10. //	135. // //	1620.	5. 12. 6	168. 15. //	2025.
A chacun des trois autres Capitaines en ſecond, quatre livres trois ſous quatre deniers en paix; & cinq livres quatre ſous deux deniers en guerre.	4. 3. 4	125. // //	1500.	5. 4. 2	156. 5. //	1875.
A chaque Lieutenant en premier, deux livres quinze ſous ſix deniers deux tiers en paix; & trois livres neuf ſous cinq deniers un tiers en guerre.	2. 15. 6⅔	83. 6. 8	1000.	3. 9. 5⅓	104. 3. 4	1250.
A chaque Lieutenant en ſecond, deux livres dix ſous en paix; & trois livres deux ſous ſix deniers en guerre.	2. 10. //	75. // //	900.	3. 2. 6	93. 15. //	1125.
A chaque Sous-lieutenant en pied, deux livres en paix; & deux livres dix ſous en guerre.	2. // //	60. // //	720.	2. 10. //	75. // //	900.
A chaque Maréchal-des-logis en chef, une livre en paix; & une livre huit deniers en guerre.	1. // //	30. // //	360.	1. // 8	31. // //	372.
A chaque Maréchal-des-logis ou Fourrier, quinze ſous en paix; & quinze ſous huit deniers en guerre.	// 15. //	22. 10. //	270.	// 15. 8	23. 10. //	282.
A chaque Brigadier, dix ſous quatre deniers en paix; & onze ſous en guerre.	// 10. 4	15. 10. //	186.	// 11. //	16. 10. //	198.

	PIED DE PAIX.			PIED DE GUERRE.		
	Par jour.	Par mois.	Par an.	Par jour.	Par mois.	Par an.
Au premier Appointé de chaque compagnie, huit sous deux deniers en paix ; & huit sous dix deniers en guerre................	ʺl 8s 2d	12l 5s ʺd	147l	ʺl 8s 10d	13l 5s ʺd	159l
A chaque autre Appointé, sept sous huit deniers en paix ; & huit sous quatre deniers en guerre....	ʺ 7. 8	11. 10. ʺ	138.	ʺ 8. 4	12. 10. ʺ	150.
A chaque Dragon ou Tambour, sept sous deux deniers en paix ; & sept sous dix deniers en guerre..	ʺ 7. 2	10. 15. ʺ	129.	ʺ 7. 10	11. 15. ʺ	141.
Au premier Trompette de chaque régiment, seize sous en paix ; & seize sous huit deniers en guerre..	ʺ 16. ʺ	24. ʺ ʺ	288.	ʺ 16. 8	25. ʺ ʺ	300.
A chaque autre Trompette, quinze sous en paix ; & quinze sous huit deniers en guerre.....	ʺ 15. ʺ	22. 10. ʺ	270.	ʺ 15. 8	23. 10. ʺ	282.
ÉTAT-MAJOR.						
Au Mestre-de-camp-commandant de chaque régiment, onze livres deux sous deux deniers deux tiers en paix ; & treize livres dix-sept sous neuf deniers un tiers en guerre....................	11. 2. 2 ⅔	333. 6. 8	4000.	13. 17. 9 ⅓	416. 13. 4	5000.
Au Mestre-de-camp en second, cinq livres en paix ; & six livres cinq sous en guerre...........	5. ʺ ʺ	150. ʺ ʺ	1800.	6. 5. ʺ	187. 10. ʺ	2250.
Au Lieutenant-colonel, dix livres huit sous en paix ; & treize livres en guerre.............	10. 8. ʺ	312. ʺ ʺ	3744.	13. ʺ ʺ	390. ʺ ʺ	4680.
Au Major, huit livres treize sous quatre deniers en paix ; & dix livres seize sous huit deniers en guerre................	8. 13. 4	260. ʺ ʺ	3120.	10. 16. 8	325. ʺ ʺ	3900.
Au Quartier-maître-trésorier, trois livres six sous huit deniers en paix ; & quatre livres trois sous quatre deniers en guerre......	3. 6. 8	100. ʺ ʺ	1200.	4. 3. 4	125. ʺ ʺ	1500.
A chaque Porte-guidon, deux livres en paix, & deux livres dix sous en guerre.............	2. ʺ ʺ	60. ʺ ʺ	720.	2. 10. ʺ	75. ʺ ʺ	900.
A chaque Adjudant, une livre dix sous en paix ; & une livre dix-sept sous six deniers en guerre...	1. 10. ʺ	45. ʺ ʺ	540.	1. 17. 6	56. 5. ʺ	675.

	PIED DE PAIX.			PIED DE GUERRE.		
	Par jour.	Par mois.	Par an.	Par jour.	Par mois.	Par an.
Au Chirurgien-major, trois livres six sous huit deniers en paix; & quatre livres trois sous quatre deniers en guerre...........	3l 6s 8d	100l ″s ″d	1200l	4l 3s 4d	125l ″s ″d	1500l
A l'Aumônier, une livre treize sous quatre deniers en paix; & deux livres un sou huit deniers en guerre................	1. 13. 4	50. ″ ″	600.	2. 1. 8	62. 10. ″	750.
Au maître Maréchal, seize sous huit deniers en paix; & dix-sept sous quatre deniers en guerre....	″ 16. 8	25. ″ ″	300.	″ 17. 4	26. ″ ″	312.
Au maître Sellier, seize sous huit deniers en paix; & dix-sept sous quatre deniers en guerre...	″ 16. 8	25. ″ ″	300.	″ 17. 4	26. ″ ″	312.
A l'Armurier, sept sous deux deniers en paix; & sept sous dix deniers en guerre..........	″ 7. 2	10. 15. ″	129.	″ 7. 10	11. 15. ″	141.

A PARIS, DE L'IMPRIMERIE ROYALE. 1784.

www.ingramcontent.com/pod-product-compliance
Ingram Content Group UK Ltd.
Pitfield, Milton Keynes, MK11 3LW, UK
UKHW022149260726
13993UKWH00005B/2245

9 782329 230863